EXPLORA TEXAS



# Los monumentos de Texas

Víctor Edgardo Galván Vargas

ROSEN en ESPAÑOL
Nueva York

## TEKS for Spanish

### Los monumentos de Texas (Texas Monuments)

The relationship between the arts and the times during which they were created reflects the characteristics and issues in U.S. history. Readers will understand how the components of culture affect the way people live and shape the characteristics of regions. They will also explore distinctive cultural patterns and landscapes associated with different places in Texas.

Published in 2017 by The Rosen Publishing Group
29 East 21st Street, New York NY 10010

Los monumentos de Texas (Texas Monuments)



**Rosen en Español**
Nathalie Beullens-Maoui, **Director, World Languages**
Víctor Edgardo Galván Vargas, **Author**
R Studio T, **Designers**

**Library of Congress Cataloging-in-Publication Data**
Names: Galván Vargas, Víctor Edgardo.
Title: Los monumentos de Texas /
Víctor Edgardo Galván Vargas.
Description: New York : Rosen Publishing, 2017. |
Series: Explora Texas | Includes index.
Identifiers: ISBN 9781508176121 (pbk.) |
ISBN 9781538380093 (library bound)
Subjects: LCSH: Signs and symbols--Texas--Juvenile literature. |
Texas--Juvenile literature.
Classification: LCC F386.3 G35 2017 | DDC 976.4--dc23

**Photo Credits**
On the cover Natalia Bratslavsky/Shutterstock.com; p. 4 Stocktrek Images/Getty Images; p. 5 Jeremy Woodhouse/Photodisc/Getty Images (top left), f11photo/Shutterstock.com (top right), Gimas/Shutterstock.com (bottom right); p. 6 Dean Fikar/Moment/Getty Images; p. 7 Br Lawrence Lew, O.P. / Moment/Getty Images (top left), skodonnell/E+/Getty Images (top right), Salvador Aznar/Shutterstock.com (bottom right); p. 8 Image by Erik Pronske Photography/Moment/Getty Images, Margaret Bourke-White/The LIFE Picture Collection/Getty Images (insert); p. 9 Dave G. Houser/Corbis Documentary/Getty Images (left), NeonLight/Shutterstock.com (right); p. 10–11 kan_khampanya; p. 11 Alizada Studios (top), Photo by Dee Dee Yelverton/Moment Open/Getty Images (bottom); p. 12 Dave Wilson, WebArtz Photography/Moment/Getty Images (top), Dave Wilson, WebArtz Photography/Moment/Getty Images (bottom); p. 12–13 goodcat/Shutterstock.com; p. 13 xjben/E+/Getty Images; p. 14 DenisTangneyJr/E+/Getty Images; p. 15 Joseph Sohm/Shutterstock.com (top), Felix Lipov/Shutterstock.com (middle), Philip Lange/Shutterstock.com (bottom); p. 16–17 Dorti/Shutterstock.com; p. 17 Everett Historical/Shutterstock.com (top), Everett Historical/Shutterstock.com (bottom); p. 18 f11photo/Shutterstock.com; p. 18–19 Linda Moon/Shutterstock.com; p. 19 f11photo/Shutterstock.com; p. 20 Katherine Welles/Shutterstock.com; p. 21 Mike Brake/Shutterstock.com (top), RoschetzkyProductions/Shutterstock.com (middle), Katherine Welles/Shutterstock.com (bottom); p. 22 DiegoMariottini/Shutterstock.com.

# Contenido

# Los monumentos de Texas

Texas es un Estado lleno de **historia.** En cada una de sus calles, parques, edificios y lugares públicos se ve el paso de grandes hombres que dan identidad a esta tierra.

A lo largo de más de 150 años, muchos sucesos están plasmados en el suelo texano. Para conmemorar los acontecimientos más importantes del estado, se erigen monumentos que los **recuerdan** y los mantienen vigentes en la memoria de los texanos.

La palabra monumento viene del latín *monumentum:* recuerdo. Un monumento es una obra con un valor histórico, arqueológico, artístico o emotivo para un determinado grupo de personas. Una construcción antigua se considera un monumento si el grupo al que pertenece la considera importante.

En el estado de Texas existen monumentos dedicados a varios momentos históricos, políticos o militares. Los monumentos forman parte de la riqueza cultural de Texas. En su mayoría son estatuas y esculturas de personajes **ilustres,** inmuebles religiosos y de carácter civil, elementos artísticos y espacios naturales.

Muchos de estos monumentos entrelazan la historia de Texas con la historia del país, y en algunos casos, con la historia de la humanidad.

**EN BREVE**

De 1695 a 1795, los frailes crean más de 30 misiones en Texas.

Los monumentos son objetos que representan parte de la historia y toman valor en la comunidad.

## Algunos ejemplos de monumentos del mundo

- Acrópolis de Atena (Grecia)
- Arco de Triunfo (Francia)
- Basílica de San Pedro (Vaticano)
- Big Ben (Inglaterra)
- Catedral de Notre-Dame (Francia)
- Catedral de San Basilio (Rusia)
- Coliseo romano (Italia)
- Cristo Redentor (Brasil)
- Duomo de Milán (Italia)
- Ejército de Terracota (China)
- Esfinge de Gizeh (Egipto)
- Estatua de la Libertad (Estados Unidos de América)
- Gran Muralla China (China)

## Vocabulario

**historia** algo que sucede en el pasado.

**ilustres** distinguidos.

**recuerdan** piensan en algo del pasado.

Entrada al Hall of State, antes llamado edificio del Estado de Texas.

**La Alhambra (España)**
**Machu Picchu (Perú)**
**Mezquita de Córdoba (España)**
**Moais de la Isla de Pascua (Chile)**
**Monte Rushmore (Estados Unidos de América)**
**Obelisco de Buenos Aires (Argentina)**
**Palacio de Bellas Artes (México)**
**Palacio de Versalles (Francia)**
**Pirámides de Gizeh (Egipto)**
**Puente de la Torre (Inglaterra)**
**Taj Mahal (India)**
**Teatro de la Ópera (Australia)**
**Teotihuacán (México)**
**Torre de Pisa (Italia)**
**Torre Eiffel (Francia)**
**Torres Petronas (Malasia)**

Vista panorámica del capitolio en la ciudad de Austin

Monumento de la asociación *American Quarter Horse* en Texas.

# El Álamo

La zona conocida como El Álamo, la **Misión** de El Álamo o la Misión de San Antonio de Valero, es la primera misión española construida en suelo Texano. Su edificación tiene origen a principios del siglo XVIII dentro del Virreinato de la Nueva España. A inicios del siglo XIX, México se independiza de la corona española y dentro de sus posesiones se encuentra este edificio.

El Álamo supone una contribución importante a la construcción de la nación norteamericana en la primera mitad del siglo XIX. En 1836, los colonos de Texas inician una lucha para obtener su independencia de México. El Álamo es el escenario principal de estas batallas, lo que da lugar al hecho histórico que se conoce como la Batalla de El Álamo.

El conjunto monumental está integrado por varias construcciones. La misión ha tenido varios usos a lo largo del tiempo, desde espacio religioso hasta cuartel militar. Actualmente representa una figura histórica importante además de ser museo.

En el conjunto se encuentra la **capilla**, el Cuartel Longitudinal, una tienda de *souvenirs,* la biblioteca de "Las Hijas de la República de Texas", además del Cenotafio de El Álamo, conocido como el **espíritu** de Sacrificio. Este conmemora los cien años de la batalla, y lleva los nombres de quienes perdieron la vida en ese lugar.

El Álamo es considerado por la UNESCO como Patrimonio de la Humanidad.

Vitral con la imagen de San Francisco de Asís, quien representa la orden franciscana.

## Vocabulario

**capilla** edificio adyacente a una iglesia o parte de ella, con altar.

**espíritu** ser inmaterial y dotado de razón.

**misión** casa o iglesia de los misioneros.

Los muros de la Misión de El Álamo están construidos con el material rocoso de la zona de San Antonio.

## ¡Qué interesante!

**Después de dos intentos fallidos, el 6 de marzo de 1836, el ejército mexicano reconquista El Álamo. Mueren entre 180 y 260 texanos. En San Antonio Texas, existe un monumento conmemorativo a los defensores en la Batalla de El Álamo.**

# El monumento de San Jacinto

Su columna mide 173 metros de altura y la estrella de la punta pesa 220 toneladas.

La **independencia** de Texas es uno de los acontecimientos históricos con mayor presencia en la memoria de la comunidad.

El monumento de San Jacinto quizás es una de las construcciones más importantes del estado. Se trata de una columna octogonal con 173 m de altura, en la cúspide cuenta con una estrella de cinco picos que pesa 220 toneladas. Esta estrella es el símbolo representativo de Texas. La construcción del monumento termina el 21 de abril de 1939, en el condado de Harris. Hasta la fecha es el más alto del mundo.

El monumento de San Jacinto conmemora la **batalla** de 1836, el enfrentamiento es decisivo para que Texas logre su independencia. Desde el 19 de diciembre de 1960, esta construcción forma parte del Registro Nacional de Lugares Históricos de los Estados Unidos y en 1992 es declarado lugar de interés histórico de Ingeniería Civil.

En su base de 10 m de altura, una inscripción cuenta la historia del origen de Texas, desde la convivencia **pacífica** entre los habitantes mexicanos y texanos, su lucha de independencia, la anexión a los Estados Unidos

En su base tiene una inscripción sobre el origen del estado.

Es uno de los monumentos más representativos de los Estados Unidos.

de Norteamérica, hasta la guerra en contra de México.

El cuidado del monumento de San Jacinto está a cargo del Departamento de Parques y Vida Silvestre del estado de Texas.

## ¡Qué interesante!

**La batalla de San Jacinto dura sólo 18 minutos, durante ese tiempo 630 mexicanos mueren, 208 caen heridos y 730 son capturados, mientras que el ejército texano sólo reporta 9 muertos y 30 heridos.**

## Vocabulario

**batalla** combate de un ejército en contra de otro.

**independencia** libertad.

**pacífica** que no provoca luchas o discordias.

# El Capitolio de Texas

Los inmuebles también son considerados monumentos. Un ejemplo es el edificio del Capitolio de Texas, que **construyen** inmigrantes y presos en 1880. Su arquitectura es similar al capitolio de Estados Unidos en Washington, D.C. y se compara con los palacios europeos de su época. Es un ejemplo de la arquitectura neoclásica, también llamada renacentista del siglo XVI, caracterizada por sus columnas, frontones, cúpula, ventanas y decorados. Sus paredes de granito rojo, son un símbolo del espíritu texano.

Dentro del capitolio se encuentran las estatuas de mármol de Stephen F. Austin y Sam Houston. Dos **pinturas** monumentales de William Henry Huddle adornan el vestíbulo sur: "La Rendición de Santa Anna" y "David Crockett". En el piso de mosaico de 1936, se conmemoran las doce batallas de la independencia de Texas.

En el capitolio se encuentra la Cámara de Diputados y la oficina del gobernador. También, dentro del edificio se ubican la Oficina Comercial del Tesoro, la rotonda y cúpula, el Museo de la Agricultura, la sala de recepciones públicas del Gobernador, la Cámara de Representantes, la **Biblioteca** de consulta legislativa, la sala de la Corte Suprema y la sala del Tribunal de Apelaciones Penales, que se utilizan hasta 1959, año en que se mudan a un nuevo edificio.

## Vocabulario

**biblioteca** lugar que tiene muchos libros, documentos, vídeos, etc., disponibles a todos.

**construyen** que hacen una obra de arquitectura o ingeniería.

**pinturas** obras de arte que representan personas o cosas.

Sus columnas, ventanas y decorados representan la arquitectura neoclásica.

En el capitolio trabajan los miembros de la Cámara de Diputados y la Cámara de Senadores.

### EN BREVE

El 15 de febrero de 1876 se aprueba un artículo en la constitución de Texas que permite financiar el capitolio con la venta de tierras públicas.

# Monumentos del capitolio I

Dentro del terreno del capitolio, con más de 22 acres de **superficie,** existen monumentos que conmemoran hechos importantes de la historia y habitantes de Texas.

Uno de los monumentos más antiguos, es a los héroes de El Álamo que hace J.S. Clark en 1891. Es de granito rosa y tiene esculturas fundidas en bronce que representan escenas de la batalla de El Álamo. En sus columnas están grabados los nombres de los texanos que perdieron la vida en esta batalla.

Escultura que conmemora a los "Héroes de El Álamo".

Otro monumento dentro de los límites del capitolio se instala en 1907 y está dedicado a los Rangers texanos de Terry. Es una escultura ecuestre elaborada en bronce por el escultor Pompeo Coppini. Conmemora a los **voluntarios** en la Guerra Civil convocados por Benjamín Terry.

En los jardines del capitolio está el monumento a los Bomberos Voluntarios, de Frank Teich. Es un **homenaje** a los hombres que pierden la vida en este trabajo. Sus nombres se encuentran grabados ahí.

Estatua conmemorativa "Terry`s Texas Rangers".

También, los Soldados Confederados tienen un monumento en el capitolio. El monumento de Pompeo Coppini y Frank Teich, muestra los trece estados que se separan de la Unión y forman la Confederación, parte importante de la historia de Texas.

## ¡Qué interesante!

**En la cúpula del capitolio, se encuentra una réplica de la escultura de la Diosa de la Libertad. La original se encuentra en el Museo Memorial de Texas y está fundida en bronce blanco, con un peso de 3,000 libras (1,500 kg) aproximadamente.**

## Vocabulario

**homenaje** acto que se celebra en honor de alguien o de algo.

**superficie** parte externa de un cuerpo que sirve de delimitación con el exterior.

**voluntarios** personas que hacen algún trabajo o servicio, no por obligación.

La estrella de cinco picos es el símbolo de Texas.

El terreno que concierne al capitolio cuenta con muchos monumentos, aquí uno a los Bomberos voluntarios.

**EN BREVE**

Desde 1970, el capitolio es oficialmente un lugar histórico nacional.

# Monumentos del capitolio II

Monumento al Vaquero de Texas, de 1925.

En 1915, la propiedad del Capitolio cambia, nuevos elementos se integran en los jardines. Se imponen más monumentos y esculturas relacionados con las actividades cotidianas, económicas, sociales, culturales, religiosas y armadas de Texas.

En la propiedad se encuentra el monumento al Vaquero de Texas de 1925 y una réplica de la Estatua de la **Libertad** colocada en 1951.

Los monumentos militares que conmemoran a los combatientes de Texas y de la nación son "El caminante" de 1951, en honor a los **Veteranos** de la Guerra entre Estados Unidos y España; el monumento a los Veteranos de la 36ª Infantería de 1959; y el de los Soldados que participaron en la Primera Guerra Mundial que se construye en 1961.

También está el monumento a los Veteranos Inválidos de 1980, el monumento a los Veteranos de Pearl Harbor de 1989 y el monumento a los Veteranos de la Guerra de Corea, de 1999.

La religión es importante para los texanos. Por eso existe un monumento a los Diez Mandamientos de 1961. La participación de la mujer es evidente en el monumento a la Mujer Pionera de Texas, que se construye en 1998. También se ve un homenaje a los Niños de Texas, colocado en ese mismo año.

## ¡Qué interesante!

**El Capitolio de Texas es el más alto de Estados Unidos, con 309 pies (94m) de altura.**

Vista panorámica del Capitolio y sus monumentos.

## Vocabulario

**libertad** facultad de obrar o no obrar según su deseo.

**veteranos** que han prestado servicio mucho tiempo en la milicia.

Todos los elementos de construcción en el Capitolio tienen valor simbólico.

Monumento a la Guerra de Vietnam.

## Y algo más...

**El Capitolio se construye de 1882 a 1888, con un costo aproximado de 3 millones de dólares.**

# Monumento en memoria a los Soldados Búfalo

El monumento a los Soldados Búfalo se encuentra en El Paso, Texas. Es un homenaje a los soldados afroamericanos que, durante la **Guerra** Civil norteamericana, participan en la construcción del estado. El memorial lo diseña Ramón A. Frías Jr. y se encuentra a un costado del histórico Cementerio Concordia.

Al concluir la Guerra Civil, se crean cuatro **regimientos** de caballería que solamente integran soldados afroamericanos. Las naciones indias los nombran Soldados Búfalo por su resistencia física, su color de piel y su cabello, parecido al pelaje de los búfalos.

A pesar de la segregación y racismo dentro de las fuerzas armadas, de 1866 a 1918 los Soldados Búfalo se enlistan en la **armada** para proteger a los habitantes en áreas en conflicto, construir y reparar caminos, salvaguardar el correo y sus diligencias, y proteger las obras ferroviarias del país.

A inicios del siglo XX su colaboración incluye la lucha en contra de las naciones indias y la expedición **punitiva** que busca a Pancho Villa en suelo mexicano. Además participan en la guerra contra España y la guerra contra las Filipinas, así como en el servicio de apoyo durante la Primera Guerra Mundial.

## ¡Qué interesante!

**El 6 de septiembre de 2005 fallece, Mark Matthews, a la edad de 111 años, último Soldado Búfalo. Su cuerpo descansa en el Cementerio Nacional de Arlington.**

## Vocabulario

**armada** provisto de armas.

**guerra** lucha armada entre dos o más naciones o entre bandos de una misma nación.

**punitiva** que merece castigo o es sancionable.

Soldados afroamericanos del siglo XIX.

## Y algo más...

**A pesar de su servicio, los soldados Búfalo son víctimas raciales de algunos miembros del ejército y de civiles en las zonas en que se encontraban.**

Soldados Búfalo en una de sus incursiones a México.

# Monumento conmemorativo de John Fitzgerald Kennedy, JFK

El monumento también llamado Memorial a John F. Kennedy, se encuentra dentro del distrito histórico de West End, en el centro de Dallas. Lo realiza el arquitecto Philip Johnson en 1970. Es el primer monumento en memoria del presidente Kennedy después de su asesinato por Lee Harvey Oswald.

El monumento lo autoriza y supervisa Jacqueline Kennedy. Es una **habitación** cuadrada, de 49 pies (15 m) por lado, con 29 pies (9 m) de altura y sin techo. Cuenta, con dos aberturas pequeñas que dan al norte y al sur. Su estructura es de concreto. Sus paredes tienen 72 columnas de cemento blanco que parecen flotar sin apoyo en la tierra. Cada **columna** termina con una luz que ilumina el monumento por las noches. Solo ocho columnas parecen sostener la construcción.

En el centro se encuentra una loza de granito negro que los visitantes observan al entrar. Es pequeña para ser una **tumba**, baja para ser una mesa y demasiado alta para ser un banco. Es un monolito, que invoca con letras doradas, a John Fitzgerald Kennedy.

El "cenotafio" o tumba abierta, simboliza la libertad de espíritu de Kennedy.

## ¡Qué interesante!

**El viernes 22 de noviembre de 1963, a las 12:30, John F. Kennedy recibe disparos mortales. Se declara oficialmente muerto a las 13:00 horas.**

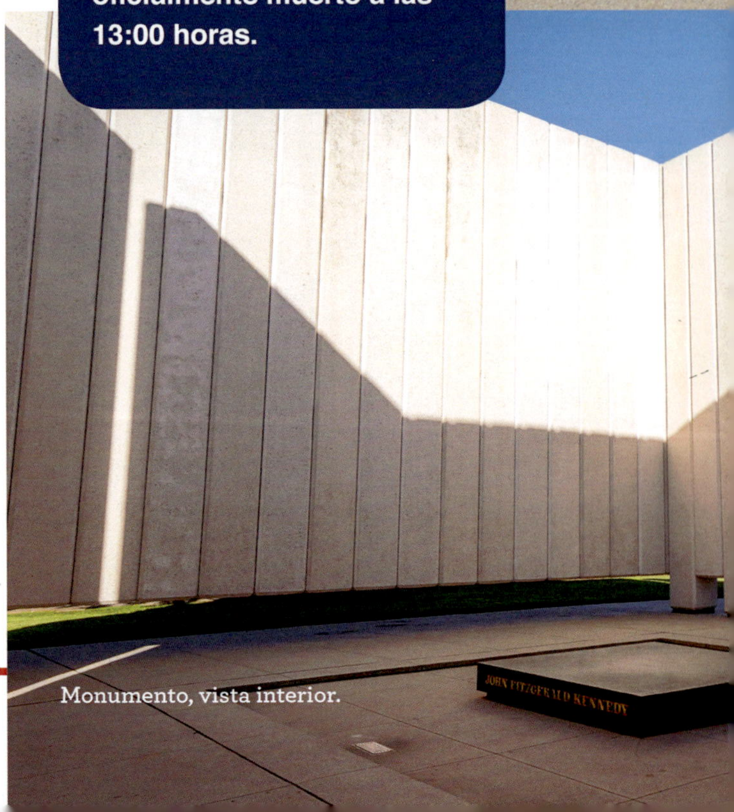

Monumento, vista interior.

## Vocabulario

**columna** soporte vertical.

**habitación** espacio o cuarto.

**tumba** lugar en el que está enterrado un cadáver.

El "cenotafio" o tumba abierta, simboliza la libertad de espíritu de Kennedy.

## Y algo más…

**Lyndon B. Johnson jura su cargo como Presidente de Estados Unidos, después del asesinato de su predecesor, el 22 de noviembre de 1963 en el mismo avión que traslada los restos de John F. Kennedy desde Dallas.**

# Parque Histórico Nacional Lyndon B. Johnson

El parque se encuentra en el **centro** de Hill Country y es un homenaje para el presidente número 36 de Estados Unidos, Lyndon B. Johnson. Mide aproximadamente 1,570 acres (6.4 km$^2$) divididos en dos grandes áreas: ciudad Johnson y la hacienda LBJ.

Lyndon Baines Johnson nace en Texas el 27 de agosto de 1908 y muere el 22 de enero de 1973. Se lanza como **candidato** a la presidencia por el Partido Demócrata, gana y gobierna el país de 1963 a 1969, después de John F. Kennedy.

El 2 de diciembre de 1969, el parque se nombra Parque Histórico Nacional Lyndon B. Johnson. El 28 de diciembre de 1980 se designa nuevamente como Parque Histórico Nacional. En él, hay una **réplica** de la casa en la que nació el presidente Johnson, de la escuela de su comunidad, llamada la Casa Blanca de Texas, y también se encuentra el avión que utilizaba como mandatario, así como su tumba en el panteón familiar donde están enterrados él y su esposa, Lady Bird Johnson.

El parque es también un museo vivo pues muestra la vida rural de los habitantes de la zona.

Dentro del parque hay una estatua de Lyndon B. Johnson que lo recuerda como uno de los presidentes más importantes de Estados Unidos.

Réplica de la Casa Blanca de Texas

## Vocabulario

**candidato** persona que persigue un cargo, premio o distinción.

**centro** lugar donde convergen informaciones y decisiones.

**réplica** copia exacta de algo, especialmente de una obra de arte.

El parque LBJ ofrece una espectacular vista de Austin.

## ¡Qué interesante!

**La familia Johnson sigue donando tierras a esta propiedad.**

**El regalo más reciente fue en abril de 1995.**

Lápida de Lyndon Baines Johnson.

# El Rancho Cadillac

El Rancho Cadillac es una instalación de **arte** público que se compone de diez coches antiguos, básicamente Cadillac, enterrados de frente. El rancho se ubica a lo largo de la Ruta 66, ampliación de la carretera interestatal 40. Se crea en el año 1974, y es una curiosa atracción para los visitantes.

El Rancho es creación del millonario Stanley Marsh III, **dueño** del terreno. Sus creadores, el grupo artístico Ant Farm, simbolizan con este monumento, los sueños y esperanzas del pueblo americano. Los coches están salpicados de colores, mensajes e imágenes.

A los visitantes se les permite pintar sobre los coches.

## ¡Qué interesante!

**El nombre Cadillac, proviene del oficial del ejército francés Antoine Laumet de La Mothe Cadillac, que funda Detroit en 1701.**

## Y algo más...

**Stanley Marsh III, artista, filántropo y cómico estadounidense de Amarillo, Texas, nace el 31 de enero de 1938 y fallece el 17 de junio de 2014. Es conocido por patrocinar e Rancho Cadillac.**

## Vocabulario

**arte** interpretación de lo real o lo imaginado con recursos plásticos, lingüísticos o sonoros.

**dueño** persona que tiene dominio o propiedad sobre alguien o algo.

# Glosario

**armada** provisto de armas.

**arte** interpretación de lo real o lo imaginado con recursos plásticos, lingüísticos o sonoros.

**batalla** combate o serie de combates de un ejército en contra de otro.

**biblioteca** lugar que tiene muchos libros, documentos, vídeos, etcétera, disponibles para todos.

**candidato** persona que persigue un cargo, premio o distinción.

**capilla** edificio contiguo a una iglesia o parte integrante de ella, con altar y advocación particular.

**centro** lugar de donde parten o a donde convergen informaciones, decisiones.

**columna** soporte vertical.

**construyen** que hacen una obra de arquitectura o ingeniería.

**dueño** persona que tiene dominio o señorío sobre alguien o algo.

**espíritu** ser inmaterial y dotado de razón.

**guerra** lucha armada entre dos o más naciones o entre bandos de una misma nación.

**habitación** espacio o cuarto

**historia** algo que sucede en el pasado.

**homenaje** acto que se celebra en honor de alguien o de algo.

**ilustres** distinguidos.

**independencia** libertad.

**libertad** facultad de obrar o de no obrar según sus deseos.

**misión** casa o iglesia de los misioneros.

**pacífica** que no provoca luchas o discordias.

**pinturas** obras de arte que representan personas o cosas.

**punitiva** que merece castigo o es sancionable.

**recuerdan** piensan en algo en el pasado.

**réplica** copia exacta de algo, especialmente de una obra de arte.

**superficie** parte externa de un cuerpo que sirve de delimitación con el exterior.

**tumba** lugar en el que está enterrado un cadáver.

**veteranos** que han prestado servicio mucho tiempo en la milicia.

**voluntarios** personas que hacen algún trabajo o servicio, no por obligación.

# Índice



# Sitios web

Debido a que los enlaces de Internet cambian a menudo, Rosen Publishing ha creado una lista de los sitios Internet que tratan sobre el tema de este libro. Este sitio se actualiza con regularidad. Por favor, usa este enlace para ver la lista: **www.rosenlinks.com/ExploraTexas/Monumentos.**